CATALOGUE

D'une nombreuse Collection de

DESSINS ANCIENS

DE TOUTES LES ÉCOLES

PARMI LESQUELS ON REMARQUE :

Une série des plus intéressantes de Croquis, par N. LANCRET

Deux Dessins importants et un grand nombre d'Études, par Gabriel de SAINT-AUBIN

DESSINS D'ORNEMENTATION, DE DÉCORATION ET D'ARCHITECTURE

ESTAMPES ANCIENNES

PORTRAITS RARES ET CURIEUX

Dont un grand nombre pouvant servir pour Illustrations, Costumes Ornements, etc.

PROVENANT DE LA COLLECTION

De Feu M. le Marquis de Fourquevaux

DONT LA VENTE AUX ENCHÈRES PUBLIQUES AURA LIEU

HOTEL DES COMMISSAIRES-PRISEURS

RUE DROUOT, 5, SALLE N° 4

Les Mardi 18, Mercredi 19 et Jeudi 20 Avril 1876

A 1 HEURE 1/2 TRÈS-PRÉCISES

Par le ministère de Me MAURICE DELESTRE, Commissaire-Priseur, successeur de M. DELBERGUE-CORMONT, rue Drouot, 23,

Assisté de MM. DANLOS Fils et DELISLE, marchands d'Estampes, quai Malaquais, 15.

EXPOSITION PUBLIQUE

Le Lundi 17 Avril 1876, de une heure à quatre heures.

PARIS — 1876

CATALOGUE

D'une nombreuse Collection de

DESSINS ANCIENS

DE TOUTES LES ÉCOLES

PARMI LESQUELS ON REMARQUE :

Une série des plus intéressantes de Croquis, par N. LANCRET

Deux Dessins importants et un grand nombre d'Études, par Gabriel de SAINT-AUBIN

DESSINS D'ORNEMENTATION, DE DÉCORATION ET D'ARCHITECTURE

ESTAMPES ANCIENNES

PORTRAITS RARES ET CURIEUX

Dont un grand nombre pouvant servir pour Illustrations, Costumes
Ornements, etc.

PROVENANT DE LA COLLECTION

De Feu M. le Marquis de F...

DONT LA VENTE AUX ENCHÈRES PUBLIQUES AURA LIEU

HOTEL DES COMMISSAIRES-PRISEURS

RUE DROUOT, 5, SALLE N° 4

Les Mardi 18, Mercredi 19 et Jeudi 20 Avril 1876

A 1 HEURE 1/2 TRÈS-PRÉCISES

Par le ministère de M⁰ **MAURICE DELESTRE**, Commissaire-Priseur,
successeur de M. DELBERGUE-CORMONT, rue Drouot, 23,
Assisté de **MM. DANLOS** FILS et **DELISLE**, marchands d'Estampes,
quai Malaquais, 15.

EXPOSITION PUBLIQUE

Le Lundi 17 Avril 1876, de une heure à quatre heures.

PARIS — 1876

CONDITIONS DE LA VENTE

Elle sera faite au comptant.

Les Acquéreurs paieront CINQ POUR CENT en sus des adjudications.

MM. DANLOS fils et DELISLE, chargés de la vente, se réservent la faculté de rassembler ou de diviser les lots.

ORDRE DES VACATIONS

Mardi	*18 Avril 1876*	Nᵒˢ	1 à 300
Mercredi	*19* —		301 à 554
Jeudi	*20* —		555 à la fin.

ESTAMPES DIVERSES

1 Anonyme. Entrée de Marie de Médicis à Anvers. Pièce in-fol. en largeur. Belle épreuve. Très-rare.

2 Babel. Vignettes, Culs-de-Lampes, etc. 21 p., avec marge.

3 **Basset** (A Paris chez). Le Bouquet. — L'Oiseleur. 2 petites p. faisant pendant. Très-belles épreuves.

4 **Basset** et **Danisy** (A Paris, chez). Rendez-vous bachique chez Ramponneau. — Phénomène de la Basse-Courtille. 2 p. curieuses et fort rares.

4 **Beham** (H.-S.). Retour de l'Enfant prodigue. Belle épreuve.

5 **Bosse** et **Rabel.** Costumes d'hommes et femmes. 14 p. Belles épreuves.

6 **Boucher** (D'après Eisen). Sujets chinois. 10 p. avec la lettre et à l'eau-forte.

7 **Bry** (Th. de). Fonds de coupes. 6 p. Très-belles épreuves.

8 **Chardin** (D'après J.-B.). La Maîtresse d'école, par Lépicié. Belle épreuve.

9 — Jeune Fille à la raquette. — La petite Fille aux cerises. 2 p. gravées par Cochin. Très-belles épreuves.

10 — L'Étude du dessin. — L'Ouvrière en tapisserie.
2 p. gravées par G. Dagoty. Très-belles épreuves.
Rares.

11 **Chereau** (Chez la veuve). Troisième cahier de
petites Modes. 6 p. imprimées en rouge.

12 **Cochin**, etc. Décoration pour fêtes, Pompes funèbres,
Vues de Rome. 10 grandes p.

13 **Couway** et autres. Costumes du temps de Louis XIII.
11 p.

14 **Coypel** (D'après Ch.). Les Femmes savantes, par
Surrugue. Très-belle épreuve.

15 **Delaune** (E.). Sujets historiques, de la Fable, Ornements, etc. 125 p. Belles épreuves. Sera divisé.

16 **Desrais**, **Leclerc**, etc. Costumes de modes, coiffures, etc. 13 p.

16 *bis* **Divers**. Compositions d'après P. Véronèse,
Téniers et autres. 15 p.

16 *ter* — Sainte Famille, par S. Bourdon, C. Schut,
d'après Carrache, Rubens, Lahire, etc. 39 p.

17 **Ducerceau, de Bry**, etc. Ornements d'orfévrerie.
8 petites p.

18 **École allemande**, etc. Vingt-neuf pièces. Costumes
par A. Durer, Goltzius, de Bruyn, etc.

19 **École de Fontainebleau**. Cinq pièces par D. Del
Barbière, R. Boyvin, etc.

20 **École française**. Quatorze pièces : Costumes par
A. Bosse, Huret, etc.

21 — Charges sur les coiffures et modes Louis XVI.
7 p. curieuses.

22 — Vingt et une pièces d'après Cochin, Courtin, etc.

23 — Vingt-quatre pièces d'après Boucher, Fragonard,
Greuze, Scheneau, etc.

24 — Douze pièces par Gillot, Pierre. — Le Joueur de musette, d'après Dumont, avant la lettre, etc. 8 p.

25 **École italienne**. Trente-quatre pièces par Francia, Bonasone, Ch. Alberti, etc.

26 **Flamen** (A.). Différents Oiseaux. 11 p. Belles épreuves.

27 — Poissons de mer et de rivières. 90 p.; la plupart avant les numéros.

28 **Galle** (Ph.). Festin de seigneurs et Courtisanes. Belle épreuve.

29 **Gervais** (A Paris chez). L'Heureux accouchement de la Reine, 1778. — Réception du Czar, 1717. 2 p.

30 **Glou** (G.). Costumes de femmes époque Louis XIII. In-4. 8 p.

31 **Gillot** (C.). Scènes du Sabbat. 2 p. Belles épreuves.

32 — Arlequins. 2 p. à l'eau-forte.

33 — Costumes de théâtre, Fables. 29 p.

34 **Gillot** (D'après). Dessus de clavecin. 2 p. gravées par C.... Belles épreuves.

35 **Gravelot** (D'après). Vignettes gravées par Bucheley. 40 sujets imprimés sur 32 feuilles.

36 **Greuze** (D'après). Le Ramoneur, par Voyez. Épreuve à l'état d'eau-forte.

37 **Hollar** (W.). Les Saisons, portraits d'ap. Holbein, etc. 20 p.

38 — A New Boock of flowers and fishes collected et composed out of the best Authors, 1671. 16 pièces imprimées à deux sur la même feuille et le frontispice. Belles épreuves.

39 **Huquier** (Ch.). Natures mortes, etc. 13 pièces.

40 **Jazet**. La Promenade du Jardin Turc, d'après J.-J.
de B. Pièce imprimée en couleur. Très-belle épreuve,
toute marge.

41 **Lajoue** et **Boucher**. Différents ornements. 34 p.

42 **Lancret** (D'après N.). Frontispice pour le second
livre de pièces de Clavecin, par C.-N. Cochin. Belle
épreuve.

43 — On ne s'avise jamais de tout, par de Larmessin.
Belle épreuve avant l'adresse de Buldet.

44 **Octavien** (D'après). Jeune Dame à sa toilette, gravé
par Thévenard. Très-belle épreuve.

45 **Ornements**. Vases par Percenet, Superchy, Bouchardon, etc. 100 p.

46 — Cent pièces par Berain, Picard, Oppenort, etc.

47 **Raoux** (D'après). Le Rendez-vous agréable, par
M. Thevenard. Très-belle épreuve. Rare.

48 **Silvestre**, **Perelle**, **Flamen**. Vues de Paris et de
France. 45 p.

49 **Toro**, **Berain**, **Bourdon**, **Loir**. Arabesques,
Candélabres, Orfévrerie. 21 p.

50 **Vénitien** (Aug.). La Vierge, l'Enfant Jésus, Saint
Jean et deux Anges (B. 51). Très-belle épreuve.

51 **Vignettes**. Environ 100 petites pièces in-8.

52 **Vrièse** (Fr.). Fontaines. Suite de 18 pièces et le
titre. 1 vol. in-4 obl., vélin.

53 **Watteau** (Antoine). La Troupe italienne. Très-belle
épreuve avant que la planche ait été retouchée et
avec l'adresse de Sirois.

54 **Watteau** (D'après). Arabesques coloriés. 8 p.

55 — Caricatures et Costumes coloriées. 24 p.

PORTRAITS

56 **Anonymes**. Broussel (Pierre), conseiller au Parlement, 1648; in-fol. Belle épreuve. Rare.

57 — Du Fresnoy, Charles Alphonse, Poëte et Peintre;
petit in-fol. Belle épreuve.

58 Portrait du Pape Jules II, dans un oval ornementé;
in-4. Belle épreuve.

59 — Portrait du Pape Paul IV, assis; in-fol. Très-belle
épreuve. Fort rare.

60 **Antoine** (Séb.). François III, duc de Lorraine, en
pied. Belle épreuve.

61 **Aubert, Coclemans, Habert**, etc. Armand de
Simiane de Gordes. — Pierre de Thomassin. —
Olivier de Quervillio. — N. Gobillon, etc. 6 p. in-fol.

62 **Audran** (Les). Maréchal d'Estrées, H. de Beringhen,
Pierre Gillet, Seguier, Clément, archevêque de
Cologne, etc. 9 p. in-8 et in-4.

63 **Audran, Poilly**. B. de Montfaucon, J.-B. Alaydon,
Mabillon. 3 p. in-8 et in-4. Belles épreuves.

64 **Audran, Dupuis, Duchange**, etc. Coyzevox,
N. Couston, Puget, Girardon, Van Clève, Sarrazin.
7 p. Belles épreuves.

65 **Balechou, Vermeulen**. Don Philippe d'Espagne,
Philippe V. 2 p. in-8. Belles épreuves.

66 **Balechou, Desplaces, Elluin**. Mᵐᵉ Aved, Mˡˡᵉ Du-
clos, Rosalie Duplan, J. Legros. 4 p.

67 **Balechou, Daullé, Schmidt**, etc. P.-D. Gaillard,
Boschi, Bernouilli, d'Argenson, J.-J. Rousseau, etc.
14 p. in-8.

68 **Balechou, Dagoty, Daullé,** etc. N. de la Brousse. F. Boucher. — J. Legros, de l'Académie royale de musique. — N. Vleughels, etc. 13 p. in-4 et petit in-fol.

69 **Bazin, Boulanger, Desrochers,** etc. N. L'Archer, de Haynin, D. L'Aigneau, N. Petipied, etc. 12 p. in-fol. et in-4.

70 **Beham** (B.). Charles V. — Ferdinand Ier. 2 p. Belles épreuves.

71 **Benoist, Daullé, Larmessin.** Louis XV, Louis Dauphin de France. 5 p. in-fol.

72 **Bernard, Lombard, Sarrabat,** etc. A. Masson, épreuve non terminée. — S. Gantrel. — A. Tristan de la Baume de Suze, évêque d'Auch. — Voyer d'Argenson. 4 p. in-fol., gravés à la manière noire.

73 **Bloteling** (A.) Juste Lipse, gravé en manière noire; in-8. Belle épreuve.

74 **Bloteling, Visscher, Suyderhoëf.** Van Haren, Alexandre VII, Junius, Maestertius, J. De Dieu, etc. 12 p.

75 **Boissevin, Daret, Larmessin.** Portraits français (hommes et femmes). 50 p. in-4.

76 **Bolswert, Galle,** etc. Portraits de religieux étrangers. 8 p. in-fol. et in-4.

77 **Bonasone** (J.). Portrait du pape Marcel II; in-fol. Très-belle épreuve.

78 — Bembo (Pierre), cardinal; in-4. Belle épreuve.

79 **Bonnard, Mariette, Landry.** Portraits d'hommes et femmes, en pied. 40 pièces. Très-belles épreuves.

80 **Bosse** (J.). Boucher (François), peintre, d'après Roslin; in-4. Belle épreuve avant la lettre.

81 **Boulanger** (J.). Cosnac (Daniel de), évêque de Valence, d'après C. Lefebvre; in-fol. Très-belle épreuve. Rare.

82 — Saint Vincent de Paul; in-fol. Très-belle épreuve.

83 **Boulanger, Bernard.** J. Olier, J. Regnault de Segrain, Fr. de Haynin, etc. 5 p. in-8 et in-4.

84 **Boulanger, Edelinck, Bailly,** etc. René de Ceriziers. — Marquis d'Oppède, épreuve avant toutes lettres. — Cl. Perrault. — N. Binot de Touteville, etc. 7 p. grand in-4 et in-fol.

85 **Boulanger, Crépy, Ferrand, Gantrel,** etc. N. de Lamoignon. — Léopold Ier, duc de Lorraine. — Gérard Mellier. — L. de Melun, prince d'Espinoy, etc. 7 p. in-4 et in-fol.

86 **Boulanger, Langlois, Patigny,** etc. F. de Bonne, comte de Sault. — A. Wernesson de Lyancour. — N. Lefèvre, sieur de Lezeau, etc. 7 p. in-4 et in-fol.

87 **Boüys, Bernard, Sarrabat.** Portraits gravés à la manière noire : Du Bellay, Boileau, G. de Choiseul-Praslin, Dufresnoy, Vauban, etc. 9 p.

88 **Boüys, Dagoty, Sarrabat.** Portraits gravés à la manière noire. 13 p.

89 **Briot** (J.). Marin (le chevalier); in-4. Très-belle épreuve du 1er état, avant la lettre. Rare.

90 — Richelieu (Armand-Duplessis Cardinal, duc de), 1633; in-fol. Très-belle épreuve. Rare.

91 **Brookshaw** (B.). Charles-Philippe, comte d'Artois; in-4. Belle épreuve.

92 **Carmontelle** (L.-C. de). Le duc d'Orléans et son fils; in-fol. Très-belle épreuve. Rare.

93 **Carmontelle** (D'après). Monseigneur le duc de Chartres, par Aug. de Saint-Aubin. Belle épreuve.

94 **Cars, Daullé, Etuin**. Marie Lezinska, Marguerite de Valois, comtesse de Caylus; Louise-Marie de France. 4 p.

95 **Cars, Desrochers, Lépicié**, etc. Joseph de Caulet. — Paris de Montmartel. — Th. Fantel de Lagny. — Richer de la Morlière, etc. 9 p. in-fol.

96 **Cathelin, Thomassin, Miger**. P. Jeliotte, M. Delalande, P. Nivelle de La Chaussée. 4 p. in-8. Belles épreuves.

97 **Chereau** et **Petit**. Cardinal Fleury, Armand de Rohan, cardinal Le Camus, Titon du Tillet, E. Renaudot. 5 p. in-fol.

98 **Chereau, Duflos, Picart**. Orléans (Philippe d'), régent de France. 5 p. in-fol.

99 **Chereau, Daullé, Wille**. Stuart (Jacques, Édouard et Henri), Princes de Galles. 4 p. in-8. Belles épreuves.

100 **Chereau, Larmessin, Thomassin, Wille**. Louis Dauphin de France. 5 p. in-fol.

101 **Chereau, Dupuis, Poilly**, etc. M. de Largillière, L. de Boullogne, de Troy, Collin de Vermont, Ch. de Lafosse, Charles Poerson, 6 p. d'artistes in-fol. Belles épreuves.

102 **Cochin** (Par et d'après Ch.-N.). Neuf portraits in-4, avant et avec la lettre. Très-belles épreuves.

103 — Vingt-cinq portraits in-4, gravés par A. de Saint-Aubin. Belles épreuves.

104 — Dix-huit portraits in-4, gravés par Cars, Miger, Cathelin, Daullé, etc. Belles épreuves.

105 — Vingt portraits in-4, gravés par Watelet. Belles épreuves.

106 **Coclemans, Chereau, Boulanger**, etc. J.-B. et
P. Boyer d'Aguilles, Montaigne, Laigneau, Séguier,
etc., 8 p. in-8, in-fol et in-4.

107 **Couway** (N.). Louis XIV enfant, d'après Juste d'Egmont, in-fol. Belle épreuve.

108 **Crespy**. Savoie (Marie-Adélaïde de), enfant, in-fol.
Belle épreuve. Rare.

109 **Coypel** (Ch.). J.-A. de Maroulle, 1726. Trois différentes épreuves,

110 **Daret. Mellan**. Cardinal de Richelieu. 2 différents
portraits du cardinal de Retz. 3 p. in-fol. Rares.

111 **David**. Mademoiselle de France en bébé; couchée
dans son berceau. Petite pièce ronde dans un cadre
ornementé. Rare.

112 — Diderot, de l'Académie française, in-4. Très-belle
épreuve avant la lettre.

113 **Delafosse**. Fontenay (Gaspard-François de), lieutenant général, 1765, in-fol. Belle épreuve.

114 **Delff** (G.). Oxenstiern (Axel), d'après Mireveld. Très-
belle épreuve.

115 **Delff** (Hondius). Duc de Brunswick, Ernest de
Mansfeld, Palatins du Rhin, Isabelle-Claire-Eugénie,
6 p. in-fol.

116 **Dembrun**. Duras (Emmanuel-Félicité de Durfort
duc de), lieutenant général des armées du roi,
d'après Queverdo, in-8. 2 épreuves dont une à l'eau-
forte.

117 **Desrochers, Trouvain, L. Cars**, etc. Ch.
Poerson, Ant. Houasse, S. Bourdon, R. de Piles,
Gillot, Nocret, S. Rosa, etc., 13 p. d'artistes in-fol.

118 **Drevet** (P.). Boileau Despréaux (Nicolas), d'après
H. Rigaud, in-fol. Superbe épreuve, avec marge.

119 — Pini (Alexandre), religieux de l'Ordre de Saint-Dominique, d'après J.-André, in-fol. Très-belle épreuve, fort rare.

120 Félibien, duc de Lesdiguières, Fr. Poilly, cardinal d'Estrées, L. Legendre, J.-B. Verdier, 6 p. Belles épreuves.

121 — Bignon, Sainte-Marthe, Félibien, de Cotte, Louis, dauphin de France, cardinal Dubois, cardinal de Rohan, etc. 13 p.

122 **Duflos** (Cl.), Berain (Jean), célèbre architecte, d'après J. Vivien, in-fol. Très-belle épreuve.

122 *bis* Le même portrait. Belle épreuve.

123 — Gondy (Portraits de la maison de), 17 p. in-4, dont 6 avant la lettre.

124 **Dupuis** (N.). Wouwermans (Ph.), peintre, in-fol. Très-belle épreuve avant toutes lettres.

125 **Durer** (A.). Albert, cardinal de Mayence 1523, in-4. Belle épreuve.

126 **Dyck** (D'après Ant, Van). Portraits d'hommes et femmes. 27 p.

127 **École anglaise**. Sept portraits gravés à la manière noire, par Faber, Smith, etc.

128 — Portraits et sujets gravés à la manière noire. 30 p.

129 **École française**. Portraits de personnages historiques, gravés par Audran, Daullé, Gantrel, Simonneau, Van Schuppen, Trouvain, etc., 47 p. in-8. Belles épreuves.

130 — Portraits de religieux gravés par Boulanger, Cossin, Gantrel, Robert, Trouvain, etc. 62 p. in-8. Belles épreuves.

131 **École hollandaise**, etc. Vingt-cinq portraits, gravés à la manière noire, par Bloteling, Gole, Vander, Bruggen, etc.

132 **Edelinck** (G.). Son portrait, d'après Tortebat, gravé par P. Devaux, in-fol. Belle épreuve.

133 — Bloemaert (Abraham). Goltzius (Henri). 2 p. in-fol. Belles épreuves.

134 — Philippe V, roi d'Espagne, à cheval, in-fol. Très-belle épreuve.

135 — Sylvestre (Israël), célèbre graveur, d'après Lebrun, in-fol. Belle épreuve.

136 — Saint-Évremont (Charles de Saint-Denis, seigneur de), in-8. Très-belle épreuve.

137 — Simon (Pierre), graveur au burin, d'après P. Ernou, in-fol. Très-rare épreuve avant que la cravate du personnage ait été terminée.

138 — Verien (Nicolas), graveur de médailles, in-8. Très-belle épreuve.

139 — Bertin, Desjardins, Gobinet, Mansart, Parent, 5 p.

140 — G. Gherardi, Philippe V, à cheval, Pinette, N. Vérien, 5 p.

141 — De Blye, J. Cousin, Colbert, Goltzius, etc, 9 p.

142 — Bossuet, G. Edelinck, Portraits des hommes illustres de Perrault, 12 p.

143 **Falck** (J.). Louis XIV, enfant, d'après J. d'Egmont, in-fol. Belle épreuve.

144 — Wladislas IV, M. Lubienski, G. Tyszkiewicz, P. Gembiki, A. Czasniki, 5 p. in-fol. Très-belles épreuves.

145 — Fredericus, duc de Schewlick, Charles-Gustave, comte palatin, Pierre Brahó, G. Oxenstiern, L. de Geer, 5 p. in-fol. Très-belles épreuves.

146 — Charles-Gustave et Adolphe-Jean, Palatins du Rhin, Pierre Brahé, C. Ferberus, Sluvi, 5 p. in-fol. Très-belles épreuves.

147 **Floding** (P.). Roslin (Alexandre), peintre, d'après lui-même, in-fol. Belle épreuve.

148 **Frosne** (J.). Condé (Louis de Bourbon, prince de), in-fol. Belle épreuve. Rare.

149 — G. de Choiseul du Plessis-Praslin, H. de Barradas, évêque de Nîmes, J. d'Estampes, Jannin, etc, 6 p. in-fol.

150 — P. Rogue de Varangeville, duc de Montausier, Président de Motteville, etc. 7 p. in-fol. Belles épreuves.

151 — Cl. Moulnorry, Cte Desmaretz, de Gondy, Cl. de Baudry, B. Lecoq, etc, 10 p. in-fol.

152 **Gantrel** (G.). Louis, Duc de Bourbon, d'après Le Dart, in-fol. Belle épreuve.

153 — Maréchal de La Meilleraye, A. Cloche, L.-B. de Chamilly, G. de Roquette, F. de Baglion de Saillant, 5 p. in-fol.

154 — E. de Beauvau, Ant. Bruneau, L. Dugué de Bagnols, P. Gallo, E. Teissier, 5 p. in-8. Belles épreuves.

155 — De Carbon de Montpezat, Alex. Lemoigne, S. Pesan, J. Turgot, etc., 6 p. in-fol.

156 **Gaucher** (E.). Estaing (Charles-Henri comte d') d'après Sablet, in-fol. Belle épreuve.

157 **Gaucher** (E). Louis-Auguste dauphin de France, d'après Gautier, in-fol. Belle épreuve.

158 **Gautier** (L.). Orléans (Henri d'), duc de Longueville, gouverneur de Picardie, in-4. Belle épreuve.

159 —Boucherat (Alexandre), conseiller du Parlement de Rouen, d'après D. Dumoustier, P. Ærodius, Gamache, 3 p. Très-belles épreuves.

160 **Gaultier, Th. de Leu, J. Isaac,** etc. P. Charron, Ant. de l'Estang, Cal de Birague, Clément VIII, etc., 10 p. in-8 et in-4.

161 **Gheyn** (H. de). Gorlens, célèbre numismate, 1663, in-fol. Belle épreuve.

162 **Giffart** (P.). Jean, comte palatin du Rhin, en buste sur un piédestal, in-fol. Très-belle épreuve avant la lettre.

163 — Aumont (Louis-Marie, duc d'), pair de France, in-fol. Très-belle épreuve.

164 **Giffart et Roussilet.** Fr. Sordet, Paul Andrée, Talon, 4 p. in-fol.

165 **Goltzius** (Henri). Cornhert (Théodore), peintre, in-fol. Belle épreuve.

166 **Goltzius, Van Velde, Hogemberg,** etc. J. Bol, Cornely, Érasme, M. de Vos, Piccolomino, etc. 12 p.

167 **Goyrand** (Cl.). Jacques Du Laurens, d'après Aug. Quesnel. in-fol. Belle épreuve. Rare.

168 **Grignon** (J.). Rohan, François de), duc de Soubise, d'après C. Lefebvre, in-fol. Très-belle épreuve. Rare.

169 **Grignon** (J.). J. Bureau, Comte Dunois, Fr. Mollier, P. Barbreau, Fr. de Grignan, de Carbon de Montpezat, Fr. de Verthamon, etc, 10 p. in-fol. Belles épreuves.

170 **Gunst** (P.). Charles Ier, Henriette sa femme, Comtesse de Chesterfield, Comtesse de Carlisle, Margarett Smith, Jane Goodwin, Vicomte Chawoorts. 7 p. en pied, d'après Van Dyck, in-fol. Belles épreuves.

171 **Habert** (N.) Ch. de Gondren, S. Gourdan, Ch. de La Grange, Louis Maimbourg, J.-B. Santeuil, 6 p. in-4. Belles épreuves.

172 **Habert** (N.). Molière, Joseph Dominique, comédien, J. Garibaldo doge, Furetière, Floriot, etc., 11 p. in-4.

173 **Haften** (N. Van). Karg (Jean-Frédéric), abbé du Mont St-Michel, 1709, in-fol. Belle épreuve.

174 **Hainzelman** (J.). Louvois (Michel Le Tellier, Marquis de), ministre d'état, d'après F. Voet, in-fol. Très-belle épreuve.

175 **Hainzelman, Valck, Schenck.** Jean Sobieski, Auguste, roi de Pologne, Pierre le Grand. 4 p. Belles épreuves.

176 **Hainzelman, Larmessin,** etc. Lachenu, N. Bion, mathématicien, etc. 6 p. in-4, avant et avec la lettre.

177 **Hainzelman, Horthemels,** etc. Tavernier, Cardinal de Rohan, Maréchal. de Villars, Ch. Mavelot, etc. 10 p. in-fol. et in-4.

178 **Hollard** (W.). H. S. Beham et sa femme. Deux petits médaillons sur la même feuille in-8. Belle épreuve.

179 — Henriette d'Angleterre, in-4. Belle épreuve.

180 **Hondius** (G.). Wladislas IV, roi de Pologne, à cheval. Grand in-fol. Belle épreuve; elle est doublée et mal conservée.

181 — Wladislas IV, roi de Pologne, in-fol. Très-belle épreuve. Rare.

182 — Isabelle-Claire-Eugénie, d'après Van Dyck, in-fol. Belle épreuve.

183 **Horthemels** (M.). Orléans (Elisabeh-Charlotte, Palatine du Rhin, Duchesse d'), d'après Rigaud, in-fol. Très-belle épreuve avec marge.

184 **Humblot.** Lorraine (Henri de), Comte d'Harcourt, d'après L. Gribelin, in-f. Belle épreuve. Rare.

185 — Comte de Brancilly, G. Menardeau Champrey, Girardin, etc. 6 p. in-fol.

186 — Séguier, P. Ardier, Pérard, etc. 6 p. in-fol.

187 — Le Bouthillier, Pardaillon de Gondrin, Marquis de Mousseaux, P. Ardier, etc., 8 p. in-fol. Belles épreuves.

188 — Marquis de Nangis, L. de Balsar d'Illiers, seigneur d'Entragues, Yves de La Croix, cordelier, Henri de Villars, archevêque de Vienne, etc. 7 p. in-fol.

189 **Huret** (Gr.). Montmorency (Henri II, duc de) décapité à Toulouse, in-fol. Très-belle épreuve avant la lettre. Rare.

190 — B. Fouquet, Cardinal de La Rochefoucauld, J. Boyceau abbé de Richelieu, etc., 5 p. in-fol. Belles épreuves.

191 **Huret, Gasnière, Daret,** etc. Cardinal de Richelieu, St-Cyran, Cl. Le Peletier, Antoine Lhoste, etc. 7 p. In-fol. et in-4.

192 **Isaac** (J.). Marbeuf (Claude), premier Président du parlement de Rennes. in-4. Très-belle épreuve. Rare.

193 **Ingouf.** J.-B. Greuze, d'après lui-même. In-4. Epreuve d'eau-forte.

194 **Landry** (P.). Larcher (Michel), d'après J. Dieu, 1664. In-fol. Très-belle épreuve avant toutes lettres. Rare.

195 — Ch. de Bourlon, N. Brulart, B. d'Avernes, G. Le Roux, etc. 7 p. in-8.

196 **Langlois, De Larmessin, Natalis,** etc. H. Arnaud d'Andilly, P. Loisel, Cardinal de Rossillon, Du Plessis de Geste, etc. 11 p. In-fol.

197 **De Larmessin.** Porte (Armand-Charles de La), duc de Mazarin, 1663. In-fol. Très-belle épreuve.

198 **De Larmessin, Trouvain, Visscher**, etc. Anne d'Autriche, Denise Camusat, Mme de Maintenon, etc. 8 p.

198 **De Larmessin, Duchange, Vallée**, etc. Cl. Hallé, Ch. de Lafosse, Jean de Troy, J. Sarrazin, etc. 7 p. in-fol.

200 **Lasne** (M.). Créquy (Charles de), duc de Lesdiguières, maréchal de France, 1632. In-fol. Belle épreuve.

201 — Marillac (Louis de), maréchal de France. In-fol. Très-belle épreuve.

202 — Marillac (Michel de), chancelier de France. In-fol. Très-belle épreuve.

203 — Montmorency (Henri, Duc de), maréchal de France. In-fol. Belle épreuve.

204 — Toyras (Jean de Saint-Bonnet, seigneur de), maréchal de France. In-folio. Très-belle épreuve.

204 *bis*. — Le même portrait. Belle épreuve.

205 — Baron de Chaplaine, H. de Maupas, Seguier, Fr. Quesnel, Richelieu, etc. 9 p. in-fol.

207 — N. Bailleul, Cl. Metezeau, Mazarin, Président de Verdun, etc. 14 p. in-f° et in-4°.

208 — Jean de Gondy, D. Peteau, Joseph de Paris, Dominique de Jésus, etc. 11 p. in-4° et in-8°.

209 **M. Lasne, Rousselet, Daret.** Cotignon. — De Broc, évêque d'Auxerre.—Marin.—Duvergier de Hauranne. Épreuve avant la lettre. — De Montchal.—Jean Boutellier, parisien, etc. 9 p. in-fol.

210 **Lebrun, de Lorraine, Bazin**, etc. Jean de Saint-Cosme, Ch. de Saint-Mesmin, N. Larcher, S. de Pontaut, etc. 14 p. in-f° et in-4°.

211 **Lempereur** (L.). Le Comte (Marguerite), de l'Académie de Peinture, d'après Watelet, in-4°. Très-belle épreuve.

212 **Lenfant** (J.). L. de Loménie de Brienne, And. de Paiot, R. Bérenger de Lorraine, L. de Machault, etc. 8 p. in-fol. Belles épreuves.

213 — De Grignan, Fr. Hallier, de la Corbière, Cl. Jegou, L. de Loménie de Brienne, etc. 9 p. in-fol.

214 — J. de Souvré, A. Spinola, Lemaistre de Ferrières, etc. 4 p. in-fol. Belles épreuves.

215 **Leoni** (O.). — Cardinal Barberin, Urbain VIII, cardinal Ludovisi, Maurice, cardinal de Savoie, etc. 10 belles épreuves.

216 — Portraits d'artistes, etc. 31 p. Belles épreuves.

217 **Leu** (Th. de). Arlensis de Scudælpis, médecin. In-8. Très-belle épreuve.

218 — Ayrail (Pierre), poëte. In-12. Très-belle épreuve. Rare.

219 — Beaugrand (Jean de), bibliothécaire du roi. In-8. Très-belle épreuve.

220 — Guillaume Blancus. In-8. Très-belle épreuve.

221 Bourbon (Charles II, cardinal de), proclamé roi pendant la Ligue. In-8. Très-belle épreuve du premier état.

222 — Chaligny (Henri de Lorraine, comte de). In-8. Très-belle épreuve du premier état. Fort rare.

223 — Fauchet (Claude), historien. In-4. Très-belle épreuve.

224 François de Valois, Dauphin de France. In-8. Très-belle épreuve du premier état, avant la retouche de la planche. Fort rare.

225. Charles de Gonzague, Habicot, L. Servien. 3 p. in-8. Belles épreuves.

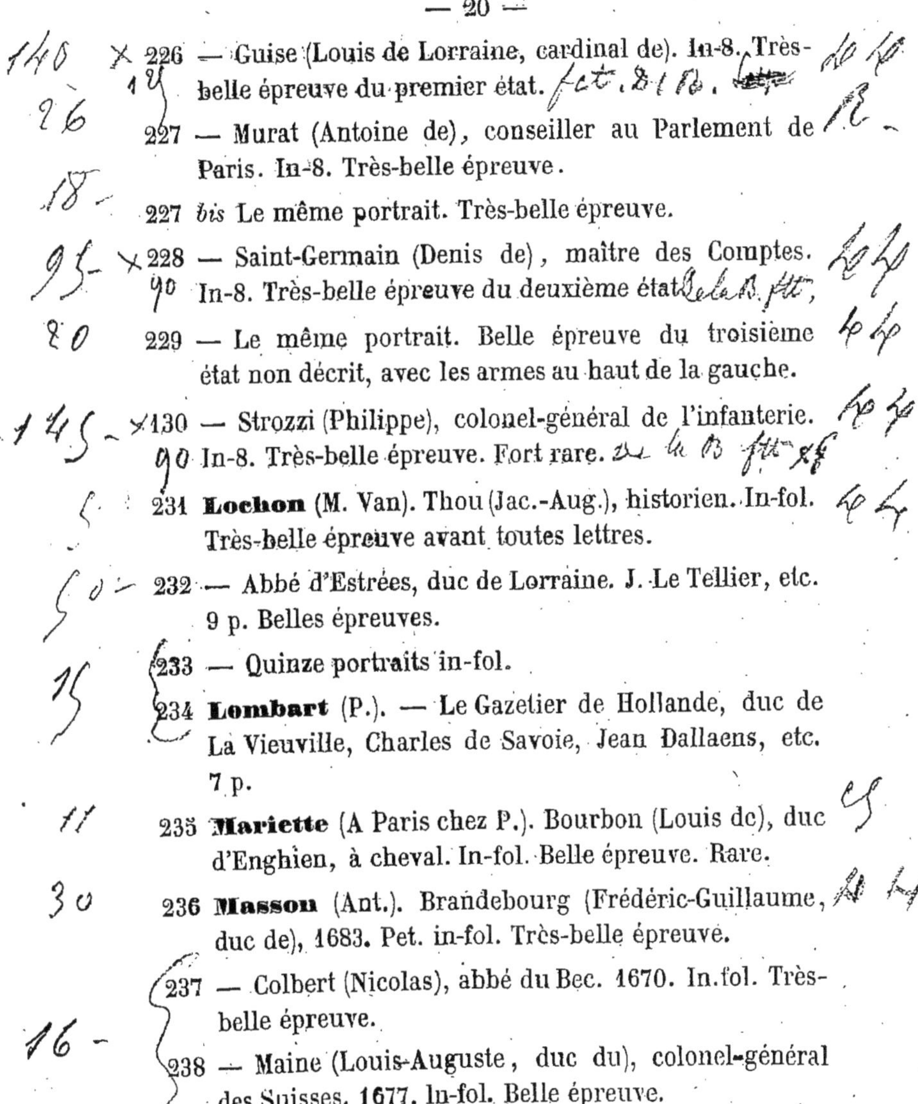

226 — Guise (Louis de Lorraine, cardinal de). In-8. Très-belle épreuve du premier état.

227 — Murat (Antoine de), conseiller au Parlement de Paris. In-8. Très-belle épreuve.

227 *bis* Le même portrait. Très-belle épreuve.

228 — Saint-Germain (Denis de), maître des Comptes. In-8. Très-belle épreuve du deuxième état.

229 — Le même portrait. Belle épreuve du troisième état non décrit, avec les armes au haut de la gauche.

230 — Strozzi (Philippe), colonel-général de l'infanterie. In-8. Très-belle épreuve. Fort rare.

231 **Lochon** (M. Van). Thou (Jac.-Aug.), historien. In-fol. Très-belle épreuve avant toutes lettres.

232 — Abbé d'Estrées, duc de Lorraine. J. Le Tellier, etc. 9 p. Belles épreuves.

233 — Quinze portraits in-fol.

234 **Lombart** (P.). — Le Gazetier de Hollande, duc de La Vieuville, Charles de Savoie, Jean Dallaens, etc. 7 p.

235 **Mariette** (A Paris chez P.). Bourbon (Louis de), duc d'Enghien, à cheval. In-fol. Belle épreuve. Rare.

236 **Masson** (Ant.). Brandebourg (Frédéric-Guillaume, duc de), 1683. Pet. in-fol. Très-belle épreuve.

237 — Colbert (Nicolas), abbé du Bec. 1670. In-fol. Très-belle épreuve.

238 — Maine (Louis-Auguste, duc du), colonel-général des Suisses. 1677. In-fol. Belle épreuve.

239 Comte de Crequy, duc de Chevreuse, Gabriel de Roquette. 3 p. Belles épreuves.

240 — Marin Cureau, Fourcy, duc de Chevreuse, Dupuis, M. Colbert, etc. 8 p.

241 **Matham**. Wolfrang Guillaume, comte palatin du Rhin. In-fol. Très-belle épreuve.

242 **Mellan** (Cl.). Anne d'Autriche, Richelieu, Le Président de Maisons, Habert de Montmor, etc. 9 p. Belles épreuves.

243 — Richelieu, Mazarin, le cardinal de Retz, maréchal de Toyras, duc de Lesdiguières, etc. 20 p.

244 **Moles** (P. P.). Victor-Amédée III, roi de Sardaigne. In-fol. Très-belle épreuve avant la lettre.

245 **Montaigne** (N. de Platte), cardinal de Bérulle, H. de Montmort, Omoloy. 4 p. in-fol.

246 **Montcornet** (B.). — Portraits français, hommes et femmes. 48 p.

247 **Moreau** (J.-M.). La Borde (J.-B. de), valet de chambre du Roi, d'après Denon, 1771. In-4. Très-belle épreuve. Rare.

248 — Papillon de La Ferté, contrôleur général de la Chambre du Roi. 1770. In-4. Belle épreuve.

249 **Morin** (J.). Bentivoglio (Guido), cardinal, d'après Van Dyck. In-fol. Très-belle épreuve.

250 — Borromée (Saint-Charles), d'après Ph. de Champagne. In-fol. Très-belle épreuve.

251 — Franck (Jérôme), peintre, d'après lui-même. In-fol. Très-belle épreuve.

252 — Harcourt (Henri de Lorraine, comte d'), d'après Ph. de Champagne. Très-belle épreuve.

253 — Honorine de Grimberghe, comtesse de Bossu, jeune. Très-belle épreuve.

254 — Maugis (Pierre), maître d'hôtel du roi, d'après Ph. de Champagne. In-fol. Superbe épreuve.

255 — Philippe II, d'après Titien. In-fol. Très-belle épreuve.

256 — Potier de Gesvres, maréchal de camp, d'après Philippe de Champagne. In-fol. Très-belle épreuve.

257 — Saint-Cyran (Jean Duvergier de Hauranne, abbé de), d'après Ph. de Champagne. In-fol. Très-belle épreuve du premier état.

258 — Bossu (H. de Grimberghe, comtesse de), jeune et âgée. 2 p. Belles épreuves.

259 — J. Franck, Tallon, A. Vitré. 3 p. Belles épreuves.

260 — Arnauld d'Andilly, Christyn, Mazarin, Omoloy, etc. 5 p.

261 **Moyreau** (J.). J.-B. Rebel, maître de musique, d'après A. Watteau. In-8. Très-belle épreuve.

262 **Nanteuil** (R.). Auvry (Cl.), évêque de Coutances, trésorier de la Sainte-Chapelle, 1660. Très-belle épreuve du premier état.

263 — Beaufort (François de Vendôme, duc de), d'après Nocroit. In-fol. Très-belle épreuve du premier état.

264 — Charles II, duc de Mantoue et de Nevers. In-fol. Très-belle épreuve.

265 — Le même Portrait. Très-belle épreuve.

266 — Christine, reine de Suède, d'après S. Bourdon, 1654. In-fol. Belle épreuve.

267 — Condé (Louis de Bourbon, prince de). In-fol. Belle épreuve.

268 — Lamoignon (Guillaume de), président au Parlement de Paris, 1659. In-fol. Très-belle épreuve du premier état.

269 — La Vrillière (Louis-Phelypeaux, duc de), ministre d'État, 1672. In-fol. Belle épreuve.

270 — Mazarin (Jules, cardinal duc de), d'après Mignard), In-fol. Très-belle épreuve.

271 — Nemours (Henri de Savoie, duc de), 1651-1652. 2 portraits. Très-belles épreuves du premier état.

272 — Orléans (Charles-Paris d'), comte de Saint-Paul, d'après Ferdinand, 1660. In-fol. Très-belle épreuve.

273 — Sarrazin (Jean-François), de l'Académie française, 1656. In-4. Très-belle épreuve.

274 — Suze (Louis de), évêque de Viviers, 1656. In-fol. Très-belle épreuve du premier état.

275 — Talon (Denis), président à mortier au Parlement de Paris. In-fol. Très-belle épreuve.

276 — Mazarin (Le cardinal), Molé (François), abbé de Sainte-Croix de Bordeaux. 2 p. Belles épreuves.

277 — Le Tellier, Lamoignon, marquis de Maisons, Hesselin. 4 p. in-8.

278 — Dupuy (Les frères). 4 p. Belles épreuves.

279 — Cardinal Barberin, Lemasle, de Neufville. Servien. 4 p. Belles épreuves.

280 — Ch. Clermont-Tonnerre (1er et 2e ét.), M. Le Tellier, Charles d'Orléans. 4 p. Belles épreuves.

281 — Chaplain, Canon, Dupuy, G. Scudéry, etc. 6 p.

282 — La Moignon, de Mesmes, Hesselin, Guénault, etc. 7 p. in-fol. Belles épreuves.

283 — La Vrillière, Président de Maisons, Guénégaud, Dreux-d'Aubray, etc. 9 p.

284 — Mazarin, H. de Péréfixe, Servien, de Montpezat, etc. 10 p.

285 — Duc de Longueville, Molé, Regnauldin, Duc de Beaufort, M. de Marolles, etc. 14 p.

286 **Nanteuil**, Gr. **Huret**, etc. Séguier, La Moignon, Colbert. Thèses avec les portraits de Louis XIII, Mazarin, etc. 8 p.

287 **Nelli, Gheyn, Wierix**, etc. Catherine de Médicis, Marie de Médicis, D. Alvarus, Léon XI, etc. 12 p. in-8 et in-4.

288 **Nolin van Merlen, Bazin**, etc. Ph. Howard, Cardinal de Norfolk, Cardinal Barberin, Saint Bernard, M. Helyot, etc. 11 p. in-8.

289 **Odieuvre** (Chez). Quatre-vingt-dix Portraits. In-8.

290 **Oudry** (Mme). Oudry (Jean-Baptiste), d'après de Largillière. In-8. Belle épreuve. Rare.

291 **Passe** (C. de). Sigismond III, roi de Pologne; Jacques VI, roi d'Angleterre; Améric Vespuce, C. Colomb, Draeck, Th. Cavendish, Philippe II, etc. 18 p. in-8. Belles épreuve,.

292 **Passe, Isselburg, de Jode**, etc. G. de Brandebourg, duc de Brunswick, Spinola, Jean comte de Tilly, etc. 14 p.

293 **Pesne, Bouchet, Perrier, Trouvain, Pitau.** Le Poussin, Vander Cabel, S. Vouet, Pesne, Ch. Mavélot. 6 p. Belles épreuves.

294 **Petit.** Marie-Thérèse, reine de Hongrie, 1743, d'après Mytens. In-8. Belle épreuve.

295 **Petit, Daullé, Littré**, etc. D'Argenson, Lowendal, Boschi, d'Alembert, etc. 12 p. in-8.

296 **Petit, Patigny Loir**, etc. H. Bachelier, J. Secousse, Ch. Riantz, Villcray, Dom Robert, etc. 10 p. in-8.

297 **Pitau** (H.). Saint Vincent-de-Paul, d'après Simon François. In-fol. Très-belle épreuve avec marge.

298 — Th. Bignon, P. Seguin, D. Voysin, etc. 6 p. In-8.

299 **Poilly** (Fr.) La Mothe Houdancourt Louis de Prie, femme du maréchal de), gouvernante des enfants de France. In-fol. Très-belle épreuve.

300 **Poilly** (Les) Gaston d'Orléans, Duchesse de Montpensier, Prince de Condé, H. de Lionne, Louis XIV, etc. 7 p. In-fol. Belles épreuves.

301 **Poilly** (Les). Louis XIV, duc de Noailles, Fouquet, Potier de Gesvres, Tubœuf, etc. 7 p.

302 — Mazarin, Arnauld, Amelot, M. de Marolles, Tubœuf, N. Parfait, etc. 12 p. in-fol.

303 **Poilly, Pitau**. L. Sanguin, D. Voysin, G. Fieubet. 4 p. In-fol. Belles épreuves.

304 **Pontius** (P.). Lamoral, comte de Tassis, d'après M. Vander Horet. In-fol. Superbe épreuve avant toutes lettres. Très-rare.

305 **Pontius, Galle, etc.** Portraits de Plénipotentiaires de Munster, d'après Van Hulle. 16 p. Belles épreuves.

306 **Pontius, C. Galle, Clouet.** N. Rockox, Henri, comte de Nassau, Scribanius, D. Segers, etc. 6 portraits, d'après Van Dyck, J. Livens, etc. Très-Belles épreuves.

307 **Popels** (J.). Son portrait gravé par lui-même. In-fol. Belle épreuve.

308 **Portraits** Allemands, Russes, etc., par Daullé, Larmessin, Wagner, etc. 11 p.

309 **Portraits** flamands, allemands, etc., Charles V, Jean Sobieski, Léopold Ier, duc de Brandebourg, etc. 22 p.

310 **Portraits** hollandais, par W. Delff, Valck, Persyn, Gunst. 37. p.

311 **Rochefort** (de). Louis Bourdaloue, d'après Éli Cheron. In-4. Belle épreuve.

312 **Romanet** (A.). Villeneuve de Vence (Julie de), petite fille de Mme de Sévigné, d'après Barthélemy. In-4. Belle épreuve.

313 **Roullet** (J.-L.). J. Lully, abbé de Louvois, J. Delpeche, etc. 6 p. In-fol.

314 **Roullet, Moitte, Petit et De Larmessin**. Marquis de Beringhen, Joachim Pottier, Charles de Lorraine, prince de Vaudemont. 4 p. In-fol.

315 **Rousselet** (E.). Fouquet (Nicolas), surintendant des finances. 1659. In-fol. Belle épreuve. Très-rare.

316 — Mazarin (Jules), cardinal, d'après Ph. de Champaigne. In-fol. Belle épreuve.

317 — Comte d'Harcourt, F. Boulart, Rouxel de Medavy, E. Tonnelier, de Barentin. 5 p. In-fol.

318 — **Sadeler** (Les). Charles de Longueval, comte de Buquoy, Philibert, Emmanuel de Savoie, Jean Stradan et sa femme, l'empereur Matthias, Sigismond Bathori, Rodolphe II. Portraits allemands et bohémiens, etc. 22 p. Très-belles épreuves.

319 — Portraits allemands, bohémiens, etc. 34 p. Belles épreuves.

320 **Saint Aubin, Chardin, Cochin, etc.** Ant. Louis, Voltaire, J.-J. Rousseau, le président Hénault, Fusée de Voisenon, Trémolière, etc. 13 p. In-4.

321 **Savart** (P.). Bruyère (Jean de la), de l'Académie française, d'après de Saint-Jean. In-8. Très-belle épreuve avant la lettre. Fort rare.

322 **Schuppen** (P. Van). Bonsy (Pierre de), archevêque de Narbonne, d'après Bachichi. In-fol. Superbe épreuve.

322 *bis*. Le même. Portrait. Très-belle épreuve.

323 — Hamon (Jean), docteur en médecine. 1689. In-fol. Superbe épreuve.

324 — Harouys (Guillaume de), seigneur de Seilleraye, d'après de Troy. In-fol. Très-belle épreuve.

325 — Louvois (Michel Le Tellier, marquis de), ministre d'État, d'après C. Lefebvre. In-fol. Très-belle épreuve.

326 — Stuart (Jacques-François-Édouard), prince de Galles, d'après N. de Largillière. In-fol. Très-belle épreuve.

327 — Saint Vincent de Paul, d'après Simon François. In-fol. Très-belle épreuve avant la retouche.

328 — Duc d'Épernon, Séguier, Talo, P. de Marca, etc. 6 p. Belles épreuves.

329 — Le Tellier, P. de Bonsy, abbé de Livry, P. de Monchy, etc. 7 p.

330 — Bignon, Lefèvre de Caumartin, P. de Monchy, Alexandre IX, Pithou, etc. 10 p.

331 **Siehem (Van)**, **Greuter**. P. Hochefeld, de Strasbourg, J. Habrecht, physicien suisse, etc. 3 p. curieuses pour les costumes et ornements.

332 **Simon, De Larmessin, Ragot, etc.** G. Altérius, capitaine, H. de Lionne, Laubespine, Talon, Harlay de Chanvalon, etc. 9 p. In-fol.

333 — **Simonneau**. Réaumur (René-Antoine de), de l'Académie des sciences, d'après A. Belle. In-fol. Belle épreuve.

334 **Smith**. Jean, comte de Tweeddale. In-fol. Très-belle épreuve avant la lettre.

335 **Storck, Sadeler, Goltzuis**. A. Durer, M. de Vos, J. Breughel, J. Bol. 4 f. Belles épreuves.

336 **Thomassin** (S.). Thierry (Jean), sculpteur, d'après Largillière. In-fol. Très-belle épreuve avant toutes lettres. Rare.

337 — Fr. Muguet, imprimeur, Fr. Hébert, Ch. Fleury, V. Lehirbec, etc. 6 p. In-fol.

338 — Al. Dubuc, Habert de Montmort, Cl. Du Molinet, J. Maquot, etc. 6 p. In-fol.

339 **Thomassin, Visscher, Picart, etc.** Portraits de de Papes. 11 p. In-fol. Belles épreuves.

340 **Trouvain, Pitau, Duflos, Duchange, etc.**
A. Pesne, Girardon, Mavelot, Thuret, etc. 8 p. Belles
épreuves.

341 **Tardieu** (J.). Oudry (Jean-Baptiste), peintre, d'après
de Largillière. In-fol. Belle épreuve.

342 **Vermeulen.** Bertin (Pierre-Vincent), trésorier général du Sceau, d'après N. de Largillière, 1694. In-
fol. Très-rare et superbe épreuve avant la lettre.

343 — Cramoisy (Sébastien), imprimeur du roi, 1687.
In-4. Très-belle épreuve avant toutes lettres.

344 — Guillaume IV, prince d'Orange, roi d'Angleterre,
en buste. In-fol. Très-belle épreuve avant la lettre.

345 **Vermeulen, Simonneau, Vallée, etc.** J.-B.
Boyer d'Aguilles, N. Mesnager, Fr. Savary, Le Tellier,
marquis de Barbézieux, etc. 10 p. In-fol.

346 **Vermeulen, Scotin, Simonneau,** etc. N. Messa-
ger, P. Bignon, Lefère de Caumartin, marquis de
Chamilly, etc. 14 p. In-fol.

347 **Visscher.** Christine, reine de Suède. In-fol. Très-
belle épreuve.

348 **Wiérix** (Ant.). Robert, cardinal Bellarmin, 1550.
Belle épreuve.

349 **Wiérix.** L'hopital (Michel de), chancelier de France.
In-fol. Belle épreuve.

350 — Orléans (Louis d'), d'après Otho Wœnius. In-4.
Belle épreuve.

351 **Wille** (J.-G.). Berton de Crillon (Jean-Louis), archevêque de Narbonne. Très-belle épreuve du premier
état, avant la lettre. Rare.

352 **Wille, M. Hortemels, Thomassin,** cardinal de
Tencin, Fr. Gaultier, J.-A. de Maroulle, cardinal de
Bouillon, etc. 12 p. in-fol.

353 **Woeiriot** (Pierre). Aneau (Barthélemy), poëte. In-8.
Très-belle épreuve.

354 — Bornonius (Jacques), jurisconsulte. In-8. Très-
belle épreuve.

—

DESSINS ANCIENS

355 **L'Albane, Le Guide, Salvator-Rosa**. Sujets
divers. 7 Dessins à la sépia et à plusieurs crayons.

356 **L'Albane, P. de Cortonne**. Sujets divers. 9 p.

357 **Arpino Palma**. Vénus et l'Amour. Études d'a-
mours, etc. 9 dessins.

358 **Bandinelli, Tintoret** et **Primatice**. Saint
Gérôme dans le désert, Latone, etc. 9 dessins crayon
noir et sépias.

359 **Bandinelli, Bottini**. Sujets divers. 8 dessins.

360 **Barroche, Perruzzi**. L'Adoration des Mages.
Jésus au Jardin des Oliviers. Plafond. 11 dessins.

361 **Barroche, Parmesan, Solimène**. Trente-six
dessins. Sujets tirés de l'histoire romaine, sujets
mythologiques et autres, à plusieurs crayons, à la
sépia et gouachés.

362 **Barroche, Zuccaro**. 10 dessins. Sujets divers.

363 **Barroche** et autres. 10 dessins.

364 **Bassan, Corrége, Passignani**. Sujets profanes
et de l'Histoire ancienne. 5 dessins dont un de la
collection Mariette.

365 **Baudouin** (P.). La Sentinelle en défaut. Au bistre.

366 **Béga, Teniers, Callot**, etc. Onze dessins dont un
de la collection Mariette. Plume et sanguine.

367 **Benazech** (C.). Le Couronnement de la Rosière. — Jeux d'enfants. 2 dessins faisant pendants. A l'aquarelle. *7h, 180.*

368 **Berghem** (H.). Études de moutons. Au crayon noir rehaussé de blanc.

369 **Le Bernin, Portail, Valentin.** Différents sujets. 10 dessins.

370 **Blanchard, Lemoine,** etc. Trois dessins. Plafonds et Sujets allégoriques. Sépias et crayons rehaussés d'or.

371 **Blanchet, Boitard, Lanfranc,** etc. 15 dessins à l'aquarelle, à la sanguine et à la sépia.

372 **Blanchet, Loutherbourg, Nicolo,** etc. Sujets religieux, etc. 11 dessins.

273 **Bloemaert, Diepenbeke** et **Rotenhamer.** Sept dessins. Paysages et Intérieurs.

374 **Bosio.** Costumes du Directoire. Quatre pièces à l'aquarelle.

375 **Bouchardon, Coysevox, Carême,** etc. Sujets mythologiques, Groupes, etc. 15 dessins.

376 **Boucher** (Fr.). Le Pêcheur. Au crayon noir rehaussé de blanc sur papier bleu.

377 — Enfant donnant la liberté à un oiseau. Au crayon noir rehaussé de blanc sur papier bleu.

378 — Groupes d'Amours. Au crayon noir rehaussé de blanc.

379 — Un Amour. Au crayon noir rehaussé de blanc sur papier bleu.

380 Sujet d'histoire. Au crayon noir rehaussé de blanc sur papier teinté.

381 Onze pièces. Études et Animaux. A la sanguine et au crayon noir.

382 — Cinq pièces. Dessus de porte et Études. A la sanguine et au crayon noir.

383 **Boucher, Chardin, Fragonard, Greuze**, etc.
Intérieurs, Sujets historiques, Bacchanales, etc.
8 dessins.

384 **Boucher, Fragonard, Trinquesse**, etc. Dix
pièces à la sépia, à l'aquarelle, etc.

385 **Bourdon** (S.), **Vien** et **Vouet** (S.). Sujets allégoriques et religieux. 5 dessins. Crayon noir et aquarelle.

386 **Bourdon** (S.), et **Bachelier**. Différents Sujets.
5 grandes compositions.

387 **Bourdon** (S.), **Natoire** et **Restout**. 9 portraits.

388 **Bourguignon, Le Prince**, etc. Bacchanales,
Batailles, Allégories, etc. 15 dessins.

389 **Bourguignon, Tempesta, Parrocel**, etc. Cinq
pièces. Batailles. A l'aquarelle, à la sanguine, et à
la sépia.

390 **Brauwer**. Tabagie hollandaise. A la sanguine.

391 **Brauwer, Berghem, Breughel**. Treize dessins.
Paysages, Portraits, Études. A la plume, crayons
noirs rehaussés de blanc.

392 **Brécmberg** (B.) Quatre dessins. Ruines et Paysages.
Plume et sépia.

393 **Brécmberg, Cl. le Lorrain**, etc. Dix-huit
Paysages. Sanguine et sépia.

394 **Breughel, Neer** (Vander) et **P. Brill**. Paysages.
8 dessins.

395 **Breughel, Brécmberg, P. Brill**. 12 Paysages.

396 **Brill** (P.), **Huysmans** et **Both**. Différentes Vues
d'Italie. 31 dessins.

397 **Cangiage et autres**. Sujets religieux. Dix dessins. Sanguine et sépia rehaussés.

398 **Carrache** (L.). Vierge sur les nues, entourée de saints. Beau dessin à la plume rehaussé de blanc sur papier bleu. Collection de Charles Ier.

399 — Le Martyr de saint Étienne. Beau dessin à la plume lavé de bistre.

400 **Carrache** (L.), **Tintoret, Giovanni, Zuccharo**. Vingt-neuf dessins, Sujets religieux bibliques, etc. Sanguine, sépia, plume lavée d'encre.

401 **An. Carrache, Both, Bandinelli**, etc. Paysages. 11 dessins.

402 **Carrache, Dominiquin, le Giorgion**, etc. Neuf pièces. Sujets religieux, au crayon noir, à la sanguine et à la sépia.

403 **Carrache, Tintoret**. Dix dessins. Sujets divers.

404 **Carrache, Salviati, Palma**. Énée portant Anchise. — Joseph et Putiphar, etc. 15 dessins.

405 **Caravage, J. Romain**, etc. Bacchanale et frises. 6 dessins à la plume, lavés d'encre.

406 **Carême, Cochin, Jeaurat**, etc. Sept pièces à la sépia et au crayon noir.

407 **Carême, Chardin, Fragonard**. Bacchanale. Groupe allégorie, etc. 5 dessins sanguine et aquarelle.

408 **Carême, Coypel, Delarue**. Allégories et sujets mythologiques. 23 dessins.

409 **Casanova, Loutherbourg et Vanloo**. Le Bivouac. — Pastorale, etc. 4 dessins.

410 **P. de Champagne, Coypel, de Troy**. Différentes études. 12 dessins aux trois crayons et sépia.

411 **Chardin, Cochin, Oudry**, etc. Sujets divers. 11 dessins.

412 **Clermont.** Groupe d'amours. Aux trois crayons.

413 **Cochin, Huet, Oudry,** etc. Sujets divers. 16 dessins.

414 **Cochin, Vanloo, de Troy**. Études et croquis. 52
dessins aux trois crayons.

415 **Cousin** (Jean). Soldats présentés à un chef. A la
plume lavée d'indigo.

416 **Coustou, Girardon, Mignard, Oppenort**,
etc. Monuments, groupes. 15 dessins.

417 **Cortone, Barroche,** etc. Dix dessins. Études, sujets religieux.

418 **Corneille, Lefèvre, La Hire.** Compositions
diverses. 24 dessins,

419 **Coypel** (1670). L'Enlèvement d'Europe, le triomphe
de la religion, etc. 3 dessins. Pastel au crayon noir.

420 **Coypel, Natoire, Jeaurat**. Pastorales. Sujets
mythologiques, étude, etc. 7 p.

421 **Coypel, Natoire**, etc. Sept pièces au crayon noir et
à la sanguine.

422 **Coypel, Pierre. Trémolière,** etc. Sujets historiques et mythologiques. — 21 dessins.

423 **Delafosse.** Quatre grands dessins. Sujets mythologiques et religieux aux trois crayons.

424 **Delafosse, Larue, Bachelier.** Neuf dessins.

425 **Delaunay** (N.). Intérieur de famille. Au crayon
noir.

426 **Delarue.** Sujets tirés de l'histoire romaine. 5 dessins.

427 **Demachy, Baudouin, Sylvestre.** Treize dessins.
Paysages. A la plume et à l'aquarelle.

428 **De Troy**. Esther et Assuérus. Au crayon noir, lavé
d'encre de Chine. Beau dessin.

429 — Quatre pièces. Sujets religieux. Crayons noirs rehaussés de blanc.

430 **De Troy, Boucher, Durameau**, etc. Sujets pastorals et mythologiques, bacchanales, etc. 12 dessins.

431 **De Troy, Vanloo, Restout**, etc. Sujets religieux et mythologiques. 13 dessins.

432 **De Troy, Parizeau, Lafosse**. Bacchanales et sujets allégoriques. 7 dessins. Sépia rehaussée.

433 **De Troy, Pierre**, etc. La Déposition de la croix. Sujets de l'histoire ancienne. 4 grands dessins. Sépia rehaussée de blanc.

434 **De Troy, Vanloo, Lépicié**. Seize portraits. A plusieurs crayons.

435 **Desportes**. Chasse au sanglier. Grande composition au crayon noir.

436 **Desrais, Leclerc des Gobelins**, etc. Sujets divers, etc. 9 dessins.

437 **Desrais, Moreau**, etc. Dix-huit vignettes. A la sépia et au crayon noir.

438. **Différentes Écoles**. Compositions diverses. 60 dessins.

439 — Trente dessins. Portraits, études, etc.

440 — Vingt-huit paysages.

441 — Paysages. 34 dessins. Plume, sépia et sanguine.

442 — Cinquante paysages. Sépia, crayon noir et plume.

443 **Dietrick, Diepenbecke, Woenix**. Sujets religieux et autres. 17 dessins. — Sanguine et autres.

444 **Divers**. Douze dessins.

445 — Trente-huit dessins.

446 **Drouais, Peronneau**, etc. Cinq dessins. Aux trois crayons. Portraits et études.

447 **Karel du Jardin, Jordaens, Terburg**. Neuf dessins. Études aux trois crayons.

448 **Dyck** (Ant. Van). Étude de têtes. Au crayon noir rehaussé de blanc.

449 — Saint Martin à cheval. Au crayon noir.

450 — La Flagellation. Portraits. 5 dessins.

451 **Van Dyck. — Palamedes, Van Thulden**. Frontispice, scènes d'intérieur, costumes, etc. 8 dessins à la plume, lavés d'encre de Chine, au crayon noir, etc.

452 **École allemande du XVᵉ siècle.** Les Noces de Cana. Précieux dessin à la plume. 24, 65.

453 — Figure d'Ange, Femme nue tenant un écusson d'armes, Buste d'homme âgé. 3 beaux dessins à la plume sur la même feuille, exécutés dans le goût de Martin Schongauer. 24. 80 a 85.

454 **École allemande.** Portrait. Jésus chassant les vendeurs du Temple. 3 p.

455 — Costumes. Sujets divers. 10 p.

456 — Costumes. Sujets religieux, etc. 6 p.

457 **École flamande.** Sujets du Nouveau Testament. 10 dessins sur papier bleu lavés d'encre de Chine, rehaussés de blanc.

458 — Sujets divers. 20 dessins.

459 — **Écoles flamande** et **italienne.** 12 paysages à la sépia, au bistre, etc.

460 **École florentine.** Sujets religieux. 15 dessins.

461 **École française.** Un Concert. Composition pour almanach, avec costumes de l'époque Louis XIV. Au crayon noir, rehaussé de blanc.

462 — Le Maréchal de Guébriant à cheval, au milieu d'une bataille. Au crayon noir.

463 — Cérémonie du sacre de Louis XV dans la cathédrale de Reims. A la sanguine.

464 — Mort du marquis de Montcalme. Esquisse sur papier.

464 *bis* — La même composition à la plume, lavée de bistre. Superbe dessin.

465 — Costumes théâtrales de l'époque de Louis XIV. Vingt pièces à l'encre de Chine.

466 — Modèles pour Paravents et Tapisseries. Soixante dessins à la sanguine, très-intéressants pour les costumes.

467 — Quatre grands dessins, dont une composition allégorique sur la justice divine, répétée d'une façon différente au recto et au verso de la même feuille. Crayon noir mélangé de peinture.

468 — Cinq très-grandes compositions. Crayon noir rehaussé.

469 — Neuf dessins, Plafonds et autres. Sépia et mine de plomb.

470 — Dix-sept Portraits de femmes.

471 — Dix pièces, Portraits et études.

472 — Portraits, dont un de la collection Mariette.

473 — Dix-huit portraits et têtes d'études.

474 — Études et portraits. 30 p.

475 — Vignettes et croquis. 20 dessins.

476 — Vignettes pour illustrations, culs-de-lampe, etc. 22 dessins.

477 — Vignettes, culs-de-lampes. 28 dessins.

478 — Vignettes pour illustrations, culs-de-lampe. 4

479 — Vignettes et croquis. 41 dessins.

480 — Vignettes et croquis. 40 dessins.

481 — Titres de livres, vignettes. 22 p.

482 — Vignettes, études, croquis. 330 dessins. Crayon noir, sanguine, mine de plomb. (Sera divisé.)

483 — Sujets divers. 23 dessins.

484 — Sujets divers. 34 pièces.

485 — Vingt-huit dessins. Sujets divers.

486 — Études. 23 p. —

487 — Études. 27 p.

488 — Études. 28 p. Crayon noir rehaussé.

489 — Études. 45 p.

490 — Études. 53 p.

491 — Croquis. 37 dessins.

392 — Études académiques. 41 dessins.

493 — Quinze études peintes.

494 — Huit grands paysages à la sépia.

495 — Paysages. 17 dessins. Sépias et crayons noirs.

496 — **École française** et **flamande**. Vues de Hollande et environs de Paris. 25 p. A la sépia, à l'encre de Chine et à la sanguine.

497 — **École française** et **italienne**. Trente-cinq paysages. A la sanguine et à la sépia.

498 — **École flamande**. — Titres de livres et sujets divers. 13 dessins à la plume, lavés d'encre de Chine.

499 — **École italienne**. Portrait de l'Albane. Au crayon noir, rehaussé de blanc.

500 — Psyché et l'Amour. Études d'amours, etc. 16 dessins.

501 — Différents sujets, 8 grandes compositions.

502 — Sujets divers. 12 pièces.

503 — Plan de batailles, la Théologie, etc. 10 dessins.

504 — Sujets divers. 40 dessins.

505 — Sujets divers. 14 dessins.

506 **École italienne, Parmesan**, etc. La Déposition, Saint Chrysostome, Enlèvement de Ganymède, etc. 8 dessins.

507 **École de Raphaël.** Le Prophète Élie, Guerrier, etc. 9 dessins.

508 — Sujets divers. 10 pièces.

509 **Écoles de Van-Dyck** et du **Primatice**. Neptune sur les eaux, Saint Pierre, etc. 5 dessins.

510 **Écoles diverses.** 6 Paysages historiques, aquarelles et sépia.

511 **Eisen.** Vignette, charmant dessin à la mine de plomb sur vélin.

512 **Eisen, Portail, Saint-Aubin.** 6 pièces à l'aquarelle et à la sanguine.

513 **Farinati, Castiglione, Carrache.** Trente-trois Dessins, Sujets divers, sanguine, sépia, plume, etc.

514 **Fragonard.** Deux jeunes Peintres dans leur atelier. Beau dessin au pastel et au crayon.

515 — Sujet allégorique pour un fronton. A la sanguine.

516 — Étude de guerrier romain. A la sanguine.

517 — Groupe d'enfants. Aux trois crayons, pour écran.

518 — Sujets de l'histoire romaine, 2 grandes compositions. Aux trois crayons.

519 — Quatre grandes compositions, sujets de l'histoire romaine. A la sanguine.

520 **Fragonard, Boucher, Desrais**, etc. Pastorales, mythologies, etc. 7 p. A la sépia, à l'aquarelle, etc.

521 **Franc-Floris** et **Van-Thulden.** Huit dessins. Sujets religieux. A la sanguine et à l'encre de Chine.

522 Gillot, Vanloo, Trémollière. Sujets divers, 9 dessins. Sépia, sanguine et crayon neir.

523 Girardon, Van der Meulen, Coypel. Sujets divers. 26 dessins.

524 Goltzius, Lauri, etc. 5 pièces à la sépia et à l'encre de Chine.

525 Van Goyen, P. de Molyn, Berghen. Paysages. 8 dessins.

526 Le Guide, Le Dominiquin, Le Tintoret. Sujets religieux et autres. 7 pièces.

527 Le Guide, Mola, L'Albane. Loth et ses filles, la Fortune, etc. 8 dessins.

528 Le Guide, Salviati, C. Maratte. Quinze pièces.

529 Heemskerck. La maîtresse d'école. A la sanguine.

530 Heemskerk, Snyders et Bloemaert. Six dessins sanguine et encre, rehaussés de blanc.

531 Hermann, Both, P. Brill. Paysages, 25 dessins.

532 Hubert Robert. Quatre pièces. Intérieurs et vues de parc. A la sanguine et au crayon noir.

533 — Six vues d'Italie. A l'aquarelle et à la sépia.

534 Hubert Robert et Fragonard. Six pièces. Paysages. A la sanguine et au crayon noir.

535 H. Robert, Demachy, etc. Neuf paysages. Sanguine et sépia.

536 Huret (G.). Frontispices, plusieurs ont été gravés. 11 dessins.

537 Huet (J.-B.). Troupeau en marche. A la sanguine, rehaussé de blanc, signé et daté 1770.

538 — Combat d'un renard et d'un coq. Beau dessin à la sanguine.

539 **G. Hoët, F. Flamand, Terburg**. Seize dessins. Sujets divers. A la sépia, sanguine et encre de Chine rehaussée

540 **Jeaurat**. Visite à l'atelier d'un peintre. A l'estompe, rehaussé de blanc.

541 **Jeaurat, Challe et Le Prince**. La lecture du contrat. Arabesques, etc. Huit dessins. Crayon noir et sanguine.

542 **Jordaens** (J.). Deux têtes de vieilles femmes. Aux trois crayons.

543 — Sujets religieux. Trois dessins au crayon noir lavés d'aquarelle.

544 **Jouvenet, Lemoine, Pierre**. Sujets de l'ancien et du Nouveau Testament. 15 p.

545 **La Fage, Carême, Boitard, Divers**. Trente-huit dessins.

546 **Lagrenée, Lebrun**, etc. Sujets de l'Ancien et du Nouveau Testament. 4 dessins. Encre de Chine.

547 **La Hyre, Lagrenée, Lafosse**. Sujets divers. 40 dessins.

548 **Lagrenée, Lahire, Coypel, Lairesse**. Dix dessins. Bacchanale, sujets d'histoire, etc. A la sépia et au crayon noir rehaussé.

549 **Lancret** (N.) Études et Croquis pour ses compositions, dont la plupart ont été gravées. Précieuse réunion de 80 dessins à la sanguine et au crayon noir rehaussé de blanc.

550 **Lantara**. Quatre paysages. Au crayon noir rehaussé de blanc, dont un poinçonné d'une couronne.

551 **Largilière, Massé, Rigaud**. Seize portraits.

52 **Lebrun** (Ch.). Grandes Têtes d'études provenant, pour la plupart, de la collection Mariette. 6 p.

553 **Lebrun, Natoire.** Sujets mythologiques et Têtes d'étude au pastel. 2 p.

554 **Lebrun, Lemoine,** etc. Six pièces au crayon noir et à l'encre de Chine.

555 **Lebrun, Le Moine.** Trophées de chasse et combats. 4 dessins. Sanguine et crayon noir rehaussé de blanc.

556 **Le Brun, Lagrenée, Natoire.** Sujets divers. 16 dessins.

557 **Lebrun, Lemoine, Travane,** etc. Sujets divers. 16 dessins.

558 **Lemoine, Lafosse, Desrais** et **Lafage.** Sept pièces à l'aquarelle et à la sépia.

559 — **Le Moyne, Parrocel, Restout.** Huit dessins. Sujets allégoriques et religieux. Sépia et crayon noir.

560 **Léoni** (O.)**, Nanteuil.** Dix portraits.

561 **Lépicié.** Portrait d'un vieux paysan. Au crayon noir et à l'estompe.

562 **Lépicié, Coypel.** Sept portraits.

563 **Le Prince, Boucher.** Douze dessins. Sujets et Paysages aux trois crayons et à la sanguine.

564 **Le Prince, Lépicié, Challe,** etc. Onze pièces à la sanguine et à l'aquarelle.

565 **Le Prince, Parrocel, Picart** (B.), etc. Sujets galants, etc. 10 p. à la sanguine et à la sépia.

566 **Lesueur, Le Moyne, Wille** fils. Le Joueur de vieille, Sujet de l'histoire, Romans, etc. 6 dessins aux trois crayons et à la sépia.

567 **Lesueur, Lemoine**. Sujets divers. 11 p.

568 **Lesueur, Natoire**. Sujets mythologiques. 10 p. Crayon noir rehaussé de blanc.

569 **Cl. le Lorrain** et **Netys**. Quatre Paysages à la plume et sépia.

570 **Cl. Lorrain, Le Gouaspre, Poussin**, etc. Paysages. 7 dessins.

571 **Cl. le Lorrain, Swanevelt** (H.), **Monaper**. Sept Paysages. Sépias et autres.

572 **Loutherbourg, Moreau** (L.) et **Robert** (H.). Six Paysages à la sanguine et à la sépia.

573 **Maratte** (C.), **Tintoret**. Dix dessins. Sujets religieux.

574 **Meulen** (Vander Fr.). Louis XIV à cheval, suivi de son état-major. Grand dessin au crayon noir rehaussé de blanc.

575 — Portraits, Cavaliers, Louis XIV à cheval. A la sépia et au crayon noir.

576 — Batailles, Chasses et Décorations. 5 p. au crayon noir et à la plume.

577 **Mieris** (W.). Le Jugement de Pâris. A la plume, sur vélin.

578 **Millet** (Fr.), **Le Gouaspre**, etc. Paysages. 7 dessins.

579 **Moreau** (Louis), **Watelet**, etc. Neuf paysages.

580 **Moreau, Ruysdaël**. Dix paysages.

581 **Natoire** (Ch.). Son Portrait. Aux trois crayons, sur papier bleu. On lit au bas : *Dessiné par lui-même.*

582 **Natoire, Casanova, Lafosse**. Études. Six dessins. Sanguine et crayon noir rehaussés.

583 **Nattier**. Études au pastel. 3 p.

584 **Neyts** (E.). Paysage. A l'aquarelle.

585 **Nicolle**. Vues du Colisée et du Temple de la Paix. Deux petits dessins, avec nombre de figures à l'aquarelle.

586 **Oudry**. La Chasse au loup. Aux trois crayons. Signé.

587 — Intérieur d'un parc. Très-beau dessin au crayon noir, rehaussé de blanc, sur papier bleu.

588 — Vues de parcs. Deux beaux dessins au crayon noir, rehaussé de blanc.

589 — Vue prise du Trianon et Vues de parcs. Trois pièces au crayon noir, rehaussé de blanc.

590 **Oudry** et **Desportes**. Seize pièces. Paysages, Animaux et Sujets. A l'aquarelle, à la sépia et au crayon noir.

591 **Oudry, Pynacker, Piranesi**, etc. Neuf paysages, dessins à la plume, lavés d'encre, etc.

592 **Oudry, Parrocel, Disrais**, etc. Sujets divers.

593 **Orley** (Bernard van). Les Vendanges, la Partie de cartes. Deux dessins à la plume, signés, provenant de la collection Mariette.

594 **Ostade** (Ad. van). Le Violoniste et le Vielleur. A la plume, lavé d'encre de Chine.

595 — Les Buveurs en goguette. A la plume, lavé d'encre de Chine.

596 Scène de Cabaret. Très-beau dessin à la plume lavé à l'encre de Chine.

597 — Scène de Cabaret. A la plume, lavé à l'encre de Chine.

598 — **Ostade** (J.). Différents Croquis. Deux dessins à la plume, lavés de bistre.

599 **Ostade, Paul Brill, Bramer.** Marines, Scènes d'Intérieur. 11 dessins, sépia et crayon noir.

600 **Ozanne.** Vue du Pont tournant de l'entrée des Tuileries. Vue de l'entrée des Champs-Élysées, prise du côté de la place Louis XV. 2 charmants dessins au crayon noir et à l'aquarelle.

601 **Palamèdes, Berghem et autres.** Seize pièces.

602 **Lafage.** Quatre grands dessins. Sépia rehaussée de blanc.

603 **Parmesan, Bernin, Roos de Tivoli.** Sujets mythologiques et de l'histoire profane. 14 dessins.

604 **Passarotti, Parmesan,** etc. L'Adoration des bergers, la Vierge de douleurs, etc. 8 dessins.

605 **Patel, N. Cochin** (le Vieux). Vue de la cour des Fontaines au château de Fontainebleau, Vues de châteaux: 4 dessins à la plume.

606 **B. Picart, Vanloo et autres.** Dix-sept dessins, sujets mythologiques, monuments, etc. A l'encre de Chine et aux trois crayons.

607 **Pirrani, Parmesan, Guerchin.** Vingt-trois dessins, sujets divers, dont un plafond. A l'encre bleue, sanguine, sépia, etc.

608 **Pater, Le Prince, Boucher,** etc. Sept têtes d'étude. Au pastel.

609 **Pérugin** (P.). Saint Michel. Précieux dessin à la plume.

610 **Picart** (B.). L'Après-dîner. Composition de nombreuses figures réunies dans un parc avec costumes époque Louis XIV. A l'encre de Chine, rehaussé de blanc sur papier bleu.

611 **Pillement.** Quinze paysages. Crayon noir rehaussé de blanc.

612 **Pillement, Panini,** etc. Paysages, études. 23 dessins. Crayon noir rehaussé de blanc, sanguine et plume.

613 **S. del Piombo, Romanelli, le Guide.** Sujets religieux. 11 dessins.

614 **Poussin** (N.) Sujets d'histoire. 2 dessins à la plume lavés de sépia.

615 **Poussin, Rembrandt, Carrache, Moucheron,** etc. Paysages. 22 paysages. Sépia, sanguine et plume.

616 **Potter** (P.). Études de chevaux. A l'aquarelle.

617 **Rembrandt.** La Résurrection de Lazare. Beau dessin à la plume, lavé de bistre.

618 — L'Ange qui apparaît à Tobie. A la plume, lavé de sépia

619 — La Descente de croix. A la plume.

620 — Quatre pièces à la plume lavées à l'encre.

621 — Deux pièces à la sépia.

622 — Huit pièces à la plume lavées à l'encre.

623 **Restout, Vanloo.** Sujets de l'histoire romaine. 4 grands dessins. Aux trois crayons et à la sépia.

624 **Restout, Challe.** Trois très-grands dessins, sujets de l'histoire romaine. Au crayon noir et à la sépia.

625 **Restout, Vanloo.** Vingt deux dessins. Études au crayon noir rehaussé.

626 **Rigaud, Tremolière, Lépicié.** Vingt-deux Portraits.

627 **Ricci, Zuccarelli.** Grandes compositions au crayon noir et à la sépia rehaussée.

628 **Rottenhamer, Frank, de Witt.** Sujets religieux. 8 dessins. Sépia et encre.

629 **Rubens** (P.-P.). Le Baptême du Christ. Beau dessin au crayon lavé à la sépia.

630 — Cavalier romain lançant le javelot. Au crayon noir estompé.

631 — Grand Dessin pour un plafond. Au trois crayons.

632 — Différentes Études au crayon noir et la sépia. 4 p.

633 **Ruysdaël, Berghem, Romboust,** etc. Paysages, 8 dessins.

634 **Saft, Leven, Breughel** et **Poters.** 12 Paysages.

635 **Saft - Leven, Cl. Lorrain** et **Valenciennes.** 13 paysages.

636 **Saint-Aubin** (Aug. de). Concert avec nombre de personnages. A la plume lavée de bistre.

637 **Saint-Aubin** (Gabriel de). ALLÉGORIE. On lit au verso, écrit de la main de G. de Saint-Aubin : « *Le Roi, accompagné de Monsieur et du comte d'Artois, ainsi que de la justice et de la Clémence, reçoit les remerciements de tout son royaume par l'organe du Génie et de la Reconnaissance; celle-ci est caractérisée par le rameau de fèves, la corbeille de fleurs et le lion d'Androclèse.* »
Dessin capital à la gouache. Signé.

638 — Le roi Louis XVI posant la première pierre de l'amphithéâtre de l'École de chirurgie. Dessin capital à la gouache. Signé et daté 1774. On lit dans le haut, à droite : au comte d'Angervillers.

639 — Un gentilhomme présente une épître à la reine Marie-Antoinette. On lit au haut, écrit de la main de l'artiste : *Prix de Vertu fondé à Romainville, le 21 may 1775.* (Voy. la marquise de Ségur, etc.). Charmant dessin au crayon noir.

640 — Une Famille à la promenade. Au crayon noir, lavé d'aquarelle. Signé.

641 — Le Cas de conscience (Sujet tiré des Contes de Lafontaine). A l'encre de Chine. Signé et daté, 1750. On lit au verso : *Retouché en 1775 et peint par G.-A. de Saint-Aubin.*

642 — Vues de la place Louis XV et du Jardin des Tuileries. 2 charmants dessins à l'aquarelle.

643 — Projet de monument. Au crayon noir et à la gouache. Signé et daté may, 1772.

644 — Portrait de Louis XV. Peinture sur toile.

645 — Portrait de J.-B. Greuze. Très-beau dessin au crayon noir.

646 — Portrait d'homme (Vaucanson?), à mi-corps, vu de trois quarts et regardant de face. A la gouache.

647 — Portrait de femme, à mi-corps, vue de profil. Peinture sur papier.

648 — Vignettes et Allégories, dont une relative au mariage du Dauphin. 4 dessins à la plume et au crayon noir.

649 — Vignettes pour illustrations de différents ouvrages. 10 dessins à la plume, au crayon noir et à l'aquarelle. La plupart sont signés et datés.

650 — Costumes de femmes. 2 dessins au crayon noir lavés d'aquarelle.

651 — Pastorales. allégories et sujets mythologiques, etc. 10 dessins au pastel.

652 — Différents croquis, portraits, paysages, études, etc. 65 dessins aux trois crayons, à la plume, à l'encre de Chine et à la sanguine ; la plupart portent des annotations de la main de G. de Saint-Aubin.

653 **Salviati, Simon-le-Romain.** Sujets de l'Ancien et du Nouveau Testament. 6 dessins. Sanguine et encre de Chine.

654 **Salviati, C. Maratte,** etc. Sept pièces.

655 **Sarrazin - Duplessis, Ruysdaël,** etc. Onze paysages.

656 **Sassa-Ferrato, Bandinelli, Le Guerchin.** Onze pièces. Sujets divers.

657 **Scheneau.** La bonne mère. Au crayon noir estompé, rehaussé de blanc.

658 — Quatre études de soldats, d'après nature. Au crayon noir.

659 **Is. Silvestre.** Vue de la Porte Saint-Antoine. Vue de château, 2 dessins à la plume.

660 **Is. Silvestre, Péters,** etc. Sept paysages.

661 **Simonini, Tempesta,** etc. Sujets mythologiques et de l'histoire profane. 9 dessins.

662 **Snyders, Van Balen et autres.** Sujets familiers et religieux. 11 dessins. Sépias et encre de Chine.

663 **Solimène, Passarotti, Carrache.** La mort de la Vierge, éventail, études, etc. 7 dessins.

664 **Solimène, Parmesan, C. Maratte.** Allégorie, Sainte-Famille, etc, 9 dessins.

665 **Stella, Sacchi, P. de Cortone, Barroche,** etc. Quatorze dessins. Sujets religieux, plafonds, etc.

666 **Subleyras, Portail, Huet,** etc. Sujets de genre. Costumes. etc. 8 p. à l'aqurelle et au crayon noir.

667 **Tempesta, Angelo,** etc. Marines et vues d'Italie. Six dessins, dont un de la collection Mariette. Plume et sépia.

668 **Teniers (D.).** Intérieur d'auberge, avec figures. Au crayon, lavé de bistre.

669 — Couple de danseurs. Au crayon noir.

670 — Le joueur de musette. Au crayon noir.

671 **Terburg.** Jeune seigneur assis. A la plume, lavé à l'encre de Chine.

672 **Tibaldi, F. Vanni, Cantarini.** Sujets mythologiques et sujets religieux. 5 dessins.

673 **Tilborc.** Intérieur de cabaret. Le patissier. Deux dessins à la plume et au bistre.

674 **Titien, Carrache, Both,** etc. Paysages. 7 dessins.

675 **Van Goyen, Ruysdaël,** etc. Quatre paysages. A l'aquarelle et à l'encre de Chine.

676 **Van loo** Diane et ses Nymphes au bain surprises par Acteon. Au crayon noir, rehaussé de blanc, sur papier bleu.

677 **Van loo** Homme debout couvert d'une grande robe et coiffé d'un bonnet de fourrure. Aux trois crayons. Superbe dessin.

678 — Deux grandes compositions, sujets de l'histoire romaine à la sépia.

679 — Trois grands dessins, sujets de l'histoire Romaine. Crayon noir.

680 — Études et croquis. 14 dessins. Crayon noir, rehaussé de blanc.

681 **Vanloo, De Tioy, Coypel.** Six dessins; fêtes champêtres; études et sujets allégoriques. Sanguine et sépia.

682 **F. Vanni, L. Giordano, Caravage.** La mise au tombeau. La Vierge de Douleurs, etc. 6 p. dessin.

683 **J. Vanni, Carrache, C. Maratte.** Sujets religieux et profanes. 14 dessins.

684 **Van, Falens, Pynacher** et autres. Six paysages. Sépia rehaussée.

685 **Valari, Peruzzi, del. Piombo**. Six dessins. Sujets religieux. Plume et sépia

+ 686 **Velde** (W. Van). Marine. A la plume, lavé de bistre. Collection Mariette. *Vh. 20.*

687 **Van, de Velde, Breughel, Wouwermans.** Marines, paysages; 8 dessins, plume et sépia.

688 **Verdier**. Scènes de la Passion. 18 p.

689 — Sujets de l'Ancien Testament. 29 p.

690 — Sujets d'histoire et sujets religieux. 195 dessins. Aux trois crayons (sera divisé).

691 **Vcronese, Bassan**. Sujets allégoriques et religieux. Quatre grands dessins. Sépia et grisailles.

692 **Verschuring, de Molyn et Cl. le Lorrain.** 25 paysages.

693 **Vien, Restout, Lagrénée**. etc. Bacchanales, divers etc. 9 dessins.

694 **Vien, Pierre**, etc. Titre de livre et autres. 13 dessins. Crayon noir et sanguine.

·695 **Vien, Lanfranc, Pierre**. Sujets religieux. 8 grands dessins. Sepia et sanguine.

696 **Visscher** (C.). Portrait de vieillard, au crayon noir lavé, sur vélin.

697 **De Vliegher, Snyders**. Sujets, fruits et marines. 4 dessins, aquarelles et encre de Chine.

698 **Volterre** (Daniel de). Femme pleurant. Très-beau dessin au crayon noir.

699 **Watteau** (A.). Tête de jeune femme. Vue de face. Charmant dessin aux trois crayons.

700 — Étude d'enfant, aux trois crayons.

701 — Étude de mains. Aux trois crayons.

†702 — Paysages. 2 dessins à la sanguine.

703 **Watteau et Lancret**. Études au crayon noir et à la sanguine. 6 p.

704 **Zuccharo**, **Passigliano**, **Titien**, etc. La Déposition. — Vierge sur les nues. — Plafonds, etc. 9 dessins.

DESSINS D'ORNEMENT

†705 **Star** (Thiery Van). Riche Portique à trois compartiments ; celui du milieu représente la sainte Trinité et de chaque côté deux figures de saints. Précieux dessin à la plume, lavé à l'encre de Chine, signé et daté 9 mai 1520. Les dessins de ce maître sont extrêmement rares.

706 **École allemande**. Panneaux d'ornements. 2 dessins à l'aquarelle dans le goût de Holbein.

707 **École italienne**, XVIᵉ siècle. Dessin de meubles avec riches motits d'ornementation. A la plume, lavé de bistre. Précieux et rare.

708 — Deux dessins de grotesques. Beaux dessins à la plume.

709 — Panneau d'ornement en largeur. Très-beau dessin à la plume, lavé de bistre, rehaussé de blanc et d'or.

710 — Dessin de porte surmonté d'un ange jouant de la guitare. A la plume, lavé de bistre.

711 — Deux grands Vases décorés de figures. Beaux dessins à la plume, lavés de bistre.

+ 712 Dessin d'étoffe d'or mat et d'azur en la chapelle du Pape Clément VIII à Sainte-Claire, à Avignon, en l'année 1599. A la plume, lavé d'indigo. *Th. IS.*

713 **École française.** Composition pour un motif de pendule époque Louis XIII. Superbe dessin à la plume, lavé d'encre de Chine, rehaussé de blanc.

+714 **Lajoue.** Cartouche surmonté des armes royales. A l'aquarelle, signé. *Th. IS.*

715 **Meissonnier** (J.-A.). Deux Vues du cabinet de M. le comte Bielenski, en Pologne. Contre-épreuves des planches à l'état d'eau-forte, sur lesquelles Meissonnier a complété ses dessins, au lavis rehaussé de blanc, tels qu'ensuite ils ont été gravés par Huquier et Chenu.

716 — Ornements d'église, Décorations intérieures, Dessus de portes. 11 dessins.

717 **Meissonnier** (Genre de). Dessin de carrosse. A la plume, lavé d'encre de Chine.

718 **Puget** (P.). Grand Vase avec figures mythologiques. Très-beau dessin à la plume, lavé à l'encre de Chine.

719 **Quellinus** (E.). Arc de Triompe élevé à la gloire de Don Juan d'Autriche. Grand dessin avec de nombreuses figures. A la plume, lavé d'encre de Chine et rehaussé de blanc.

720 **Romanelli.** Angle de plafond. Esquisse sur papier.

721 **Divers.** Cinq grands dessins de soupières, époque Louis XV.

722 — Tombeau. — Fontaine. — Panneau. etc. 4 dessins.

723 — Plafonds, Arabesques, Panneaux. 5 dessins par Perino del Vaga, Polidore et Jean d'Udine.

724 — Écrans, Clavecin, Plafonds, Arabesques. 21 dessins par Gillot. A l'aquarelle.

725 — Plafonds. 17 dessins à l'aquarelle.

726 — Plafonds, Arabesques. 6 dessins français et italiens.

727 — Cartouches, Frises. 7 dessins, École italienne.

728 — Dessins de plafonds.

729 — Quatre grands Dessins de plafonds. A l'aquarelle et à la sépia.

730 — Cartouches, Tombeaux, Dessin de chapelle. 7 dessins.

731 — Arabesques, Panneaux, Frises. 7 dessins.

732 — Vases, Plafonds, etc. 14 dessins époque Renaissance.

733 — Grand Dessin de plafond. Au crayon noir.

734 — Vases. 20 dessins.

735 — Meubles, Arabesques, Panneaux. 10 dessins époque Renaissance.

736 — Frises, Panneaux, etc. 24 dessins, sépia, aquarelle et gouache.

737 — Décorations intérieures, sujets de fête sur l'eau devant la galerie du Louvre, Vases, etc. 20 dessins.

738 — Frises, Fontaines, Frontispice, Candélabres, etc. 10 dessins.

739 — Frontons, Torchères, Vases. 12 dessins.

740 — Dessins d'orfévrerie. — Panneaux. — Trophées. — Culs-de-lampe, etc. 35 dessins.

741 — Lettres ornementales et Cul-de-lampe. 3 dessins.

742 — Tombeaux, Mascarons, Plafonds, etc. 11 dessins par Delafosse, Toro, etc.

743 — Décorations, Trophées. 15 dessins.

744 — Meubles, Fontaines, Cartouches, Titre de livre. 6 dessins, époque Renaissance.

745 — Encadrements, Consoles, Vases, etc. 13 dessins par Caffieri.

746 — Cheminées, Vases, Cartouches, etc. 12 dessins.

747 — Arabesques, Plafonds, Titres de livres. 7 dessins.

748 — Titre, Fontaines, Plafonds. 13 dessins.

749 — Cartouches, Mascarons, Plafonds, etc. 22 dessins.

750 — Ornements d'église, Candélabres, etc. 10 dessins.

751 — Plafonds, Fontaines, Frises. 17 dessins.

752 — Plafonds, Fontaines, Encadrements. 12 dessins.

753 — Décorations de théâtre et d'église. 10 dessins.

754 — Architecture, xvie siècle. 15 dessins.

755 — Ornements d'église, Vases, Portiques, etc. 38 dessins.

756 — Vases, Dessins d'architecture. 6 pièces.

757 — Études. 11 dessins par Oppenord.

758 — Éventails. 8 dessins aquarelle, peinture, etc.

759 — Architecture. 43 dessins.

760 — Décorations et architecture. 52 dessins.

761 — Frises, Vases, Décorations. 60 dessins et calques.

762 — Soixante-dix dessins d'architecture et d'ornements, xvie siècle.

763 — Décorations intérieures, Meubles, Vases. 85 dessins à la sanguine.

764 — Portiques, Paysages. 32 dessins.

---

765 — Sous ce numéro il sera vendu par lots, à la fin de chaque vacation, environ 6,000 dessins de toutes les Écoles, Estampes et Portraits anciens.

Vve Renou, Maulde et Cock, impr^s de la Compagnie des Commissaires-Priseurs, rue de Rivoli, 144.   63902

Vᵉˢ RENOU, MAUDE et COCK

IMPRIMEURS DE LA COMPAGNIE   SSAIRES-PRISEURS

Rue de B.